AF590608

Numéro 10 Octobre 1923

LA BROCHURE MENSUELLE

PARAIT LE 15 DE CHAQUE MOIS

Rédaction et Administration : BIDAULT, 39, Rue de Bretagne, Paris-3e

Téléphone : Archives 65-24 Compte Chèques Postaux Paris 239-02

Herbert SPENCER

LE DROIT D'IGNORER L'ÉTAT

Traduit de l'Anglais
par Manuel DEVALDÈS

EDITIONS DU
Groupe de Propagande par la Brochure

En dépôt : *LIBRAIRIE DES VULGARISATIONS*
Sociales, Scientifiques, Littéraires
39, Rue de Bretagne — Paris-3e

Groupe de Propagande par la Brochure

La propagande par la brochure est une des meilleures lorsqu'on peut la faire avec suite.

Nos devanciers s'y sont employés de leur mieux. A l'heure actuelle, il est plus que nécessaire d'entreprendre une large diffusion de nos idées. C'est dans cette conviction qu'un groupe de camarades vient de se constituer et a décidé de faire paraître tous les mois une, deux, trois, quatre brochures ayant 8-16-24 ou 32 pages de texte, toutes du même format, sur beau papier, permettant aux camarades de pouvoir les relier ensemble et constituer pour eux une Bibliothèque Sociale à bon marché.

Le Groupe est certain de faire paraître : « La Brochure Mensuelle » *pendant au moins un an, ayant en caisse les fonds nécessaires prêtés par plusieurs amis.*

La difficulté était d'éditer à très bon marché, vu la cherté du papier, de l'impression, du brochage et frais d'expédition qui sont considérables.

Nous croyons avoir trouvé la solution et pouvons assurer à nos amis que nous céderons les brochures à un prix inférieur à leur prix de revient.

But du Groupe. — *Comme le but du groupement est : la plus large diffusion des brochures, il s'agit de trouver des camarades partisans de notre méthode qui, s'abonnant à* « La Brochure Mensuelle », *leur permettra de s'employer à la propagande en faisant circuler les brochures parmi ceux qu'ils connaissent, soit en les distribuant eux-mêmes, soit par la poste lorsqu'ils ne voudront pas faire savoir qu'ils s'intéressent à la propagande, soit en discutant avec des camarades : il est facile de leur glisser une brochure et de leur arracher deux sous. Les abonnés pourront ainsi récupérer le montant de leur souscription et augmenter leur propagande.*

Camarades, aidez-nous, en souscrivant de nombreux abonnements à « La Brochure Mensuelle ».

Pour la France : 1 an, 6 francs ; 6 mois, 3 francs.

Chaque abonné recevra mensuellement suivant les éditions :

Soit	*5 Brochures*	*de*	*32*	*pages*	*(1. titre)*
»	6	—	24	—	*(1 titre)*
»	10	—	16	—	*(2 titres)*
»	20	—	8	—	*(2 titres)*

Abonnement d'essai : un exemplaire chaque mois. Prix, 1.50.

Pour l'Extérieur : Abonnement annuel 1 exemplaire, 2.25 ; 2 *exemplaires,* 3.60 ; 4 *exemplaires,* 7 *fr.* ; 6 *exemplaires,* 10.50.

Tout ce qui concerne « La Brochure Mensuelle », « Nos Editions Sociales », « Le Service de Librairie », *doit être adressé à cette adresse :* BIDAULT, 39, rue de Bretagne, Paris (3e).

Pour les envois de fonds, utilisez toujours *le chèque postal :* PARIS-23902, c'est le moins cher, le plus certain.

Le Droit d'ignorer l'Etat

Les pages ci-après d'Herbert Spencer ont fait l'objet d'une brochure publiée par Freedom *en* 1913. *Elles étaient précédées de cette déclaration du journal anarchiste anglais :*

« *Pour rendre justice à la mémoire d'Herbert Spencer, nous devons prévenir le lecteur du chapitre suivant de l'édition originale de* Social Statics *de Spencer, écrit en* 1850, *qu'il fut omis par l'auteur dans l'édition revisée publiée en* 1892. *Nous pouvons légitimement inférer de cette omission un changement de vues. Mais répudier n'est pas réfuter et Spencer n'a jamais réfuté ses arguments en faveur du droit d'ignorer l'Etat. C'est l'opinion des anarchistes qu'ils sont sans réplique.* »

En donnant la première traduction française de ce chapitre oublié d'Herbert Spencer, qu'anime le plus pur souffle individualiste, nous nous associons complètement à la déclaration de nos camarades anglais.

M. D.

Le Droit d'ignorer l'Etat

§ I

Comme corollaire à la proposition que toutes les institutions doivent être subordonnées à la loi d'égale liberté, nous devons nécessairement admettre le droit du citoyen d'adopter volontairement la condition de hors-la-loi. Si chaque homme a la liberté de faire tout ce qu'il veut, pourvu qu'il n'enfreigne pas la liberté égale de quelque autre homme, alors il est libre de rompre tout rapport avec l'Etat, — de renoncer à sa protection et de refuser de payer pour son soutien. Il est évident qu'en agissant ainsi il n'empiète en aucune manière sur la liberté des autres, car son attitude est passive, et tant qu'elle reste telle il ne peut devenir un agresseur. Il est également évident qu'il ne peut être contraint de continuer à faire partie d'une communauté politique sans une violation de la loi morale, puisque la qualité de citoyen entraîne le paiement de taxes et que la saisie des biens d'un homme contre sa volonté est une infraction à ses droits. Le gouvernement étant simplement un agent employé en commun par un certain nombre d'individus pour leur assurer des avantages déterminés, la nature même du rapport implique qu'il appartient à chacun de dire s'il veut ou non employer un tel agent. Si l'un d'entre eux décide d'ignorer cette confédération de sûreté mutuelle, il n'y a rien à dire, excepté qu'il perd tout droit à ses bons offices et s'expose au danger de mauvais traitement, — une chose qu'il lui est tout à fait loisible de faire s'il s'en accommode. Il ne peut être maintenu de force dans une combinaison politique sans une violation de la loi d'égale liberté; il *peut* s'en retirer sans commettre aucune violation de ce genre; et il a, par conséquent, le droit de se retirer ainsi.

---

§ II

« Nulle loi humaine n'est d'aucune validité si elle est contraire à la loi de la nature, et telles d'entre les lois humaines qui sont valides tirent toute leur force et toute leur autorité, médiatement ou immédiatement, de cet original. » Ainsi écrit Blackstone (1), dont c'est

(1) Sir William Blackstone (1723-1780), légiste, auteur de *Commentaries on the Laws of England* (Commentaires sur les Lois de l'Angleterre). (N. d. t.)

l'honneur d'avoir à ce point dépassé les idées de son temps, — et, vraiment, nous pouvons dire de notre temps. Un bon antidote, cela, contre ces superstitions politiques qui prévalent si largement. Un bon frein au sentiment d'adoration du pouvoir qui nous égare encore en nous conduisant à exagérer les prérogatives des gouvernements constitutionnels, comme jadis celles des monarques. Que les hommes sachent qu'une puissance législative *n'est pas* « notre Dieu sur la terre », quoique, par l'autorité qu'ils lui attribuent et par les choses qu'ils attendent d'elle, il semblerait qu'ils l'imaginassent ainsi. Mieux, qu'ils sachent que c'est une institution servant à des fins purement temporaires, et dont le pouvoir, quand il n'est pas volé, est, tout au moins, emprunté.

Qui plus est, en vérité, n'avons-nous pas vu que le gouvernement est essentiellement immoral? N'est-il pas la postérité du mal, portant autour d'elle toutes les marques de son origine? N'existe-t-il pas parce que le crime existe? N'est-il pas fort ou, comme nous disons, despotique, quand le crime est grand? N'y a-t-il pas plus de liberté — c'est-à-dire moins de gouvernement — à mesure que le crime diminue? Et le gouvernement ne doit-il pas cesser quand le crime cesse, par le manque même d'objets sur lesquels accomplir sa fonction? Non seulement le pouvoir des maîtres existe *à cause* du mal, mais il existe *par* le mal. La violence est employée pour le maintenir et toute violence entraîne criminalité. Soldats, policiers et geôliers, épées, bâtons et chaînes sont des instruments pour infliger de la peine, et toute infliction de peine est, par essence, injuste. L'Etat emploie les armes du mal pour subjuguer le mal et est contaminé également par les objets sur lesquels il agit et par les moyens à l'aide desquels il opère. La moralité ne peut le reconnaître, car la moralité, étant simplement une expression de la loi parfaite, ne peut donner nul appui à aucune chose croissant hors de cette loi et ne subsistant que par les violations qu'elle en fait. C'est pourquoi l'autorité législative ne peut jamais être morale, — doit toujours être seulement conventionnelle.

Il y a, pour cette raison, une certaine inconséquence dans l'essai de déterminer la position, la structure et la conduite justes d'un gouvernement par appel aux premiers principes de l'équité. Car, comme il vient d'être démontré, les actes d'une institution qui est imparfaite, à la fois par nature et par origine, ne peuvent être faits pour s'accorder avec la loi parfaite. Tout ce que nous pouvons faire est d'établir: premièrement, dans quelle attitude une puissance législative doit demeurer à l'égard de la communauté pour éviter d'être, par sa seule existence, l'injustice personnifiée; deuxièmement, de quelle manière elle doit être constituée afin de se montrer le moins possible en opposition avec la loi morale; et, troisièmement, à quelle sphère ses actions doivent être limitées pour l'empêcher de multiplier ces violations de l'équité pour la prévention desquelles elle est instituée.

La première condition à laquelle on doit se conformer avant qu'une puissance législative puisse être établie sans violer la loi d'égale liberté est la reconnaissance du droit maintenant en discussion, — le droit d'ignorer l'Etat.

---

§ III

Les partisans du pur despotisme peuvent parfaitement s'imaginer que le contrôle de l'Etat doit être illimité et inconditionnel. Ceux qui affirment que les hommes sont faits pour les gouvernements et non les gouvernements pour les hommes sont qualifiés pour soutenir logiquement que nul ne peut se placer au delà des bornes de l'organisation politique. Mais ceux qui soutiennent que le peuple est la seule source légitime de pouvoir, — que l'autorité législative n'est pas originale, mais déléguée, — ceux-là ne sauraient nier le droit d'ignorer l'Etat sans s'enfermer dans une absurdité.

Car, si l'autorité législative est déléguée, il s'ensuit que ceux de qui elle procède sont les maîtres de ceux à qui elle est conférée; il s'ensuit, en outre, que comme maîtres ils confèrent ladite autorité volontairement; et cela implique qu'ils peuvent la donner ou la retenir comme il leur plaît. Qualifier de délégué ce qui est arraché aux hommes, qu'ils le veuillent ou non, est une absurdité. Mais ce qui est vrai ici de tous collectivement est également vrai de chacun en particulier. De même qu'un gouvernement ne peut justement agir pour le peuple que lorsqu'il y est autorisé par lui, de même il ne peut justement agir pour l'individu que lorsqu'il y est autorisé par lui. Si A, B et C délibèrent, s'ils doivent employer un agent à l'effet d'accomplir pour eux un certain service, et si, tandis que A et B conviennent de le faire, C est d'un avis contraire, C ne peut être équitablement considéré comme partie à la convention en dépit de lui-même. Et cela doit être également vrai de trente comme de trois; et si de trente, pourquoi pas de trois cents, ou trois mille, ou trois millions?

---

§ IV

Des superstitions politiques auxquelles il a été fait allusion précédemment, aucune n'est aussi universellement répandue que l'idée selon laquelle les majorités seraient toutes-puissantes. Sous l'impression que le maintien de l'ordre exigera toujours que le pouvoir soit dans la main de quelque parti, le sens moral de notre temps juge qu'un tel pouvoir ne peut être convenablement conféré à personne sinon à la plus grande moitié de la société. Il interprète littéralement le dicton : « La voix du peuple est la voix de Dieu » et, transférant à l'un la sainteté attachée à l'autre, il conclut que la volonté du peuple — c'est-à-dire de la majorité — est sans appel. Cependant, cette croyance est entièrement fausse.

Supposez un instant que, frappée de quelque panique malthusienne, une puissance législative représentant dûment l'opinion publique projetât d'ordonner que tous les enfants à naître durant les dix années futures soient noyés. Personne pense-t-il qu'un tel acte législatif serait défendable? Sinon, il y a évidemment une limite au pouvoir d'une majorité. Supposez encore que de deux races vivant ensemble — Celtes et Saxons, par exemple, — la plus nombreuse décidât de faire des individus de l'autre race ses esclaves. L'autorité du plus grand nombre, en un tel cas, serait-elle valide? Sinon, il y a quelque chose à quoi son autorité doit être subordonnée. Supposez, une fois encore, que tous les hommes ayant un revenu annuel de moins de 50 livres sterling résolussent de réduire à ce chiffre tous les revenus qui le dépassent et d'affecter l'excédent à des usages publics. Leur résolution pourrait-elle être justifiée? Sinon, il doit être une troisième fois reconnu qu'il est une loi à laquelle la voix populaire doit déférer. Qu'est-ce donc que cette loi, sinon la loi de pure équité, — la loi d'égale liberté? Ces limitations, que tous voudraient mettre à la volonté de la majorité, sont exactement les limitations fixées par cette loi. Nous nions le droit d'une majorité d'assassiner, d'asservir ou de voler, simplement parce que l'assassinat, l'asservissement et le vol sont des violations de cette loi, — violations trop flagrantes pour être négligées. Mais si de grandes violations de cette loi sont iniques, de plus petites le sont aussi. Si la volonté du grand nombre ne peut annuler le premier principe de moralité en ces cas-là, non plus elle ne le peut en aucun autre. De sorte que, quelque insignifiante que soit la minorité et minime la transgression de ses droits qu'on se propose d'accomplir, aucune transgression de ce genre ne peut être permise.

Quand nous aurons rendu notre constitution purement démocratique, pense en lui-même l'ardent réformateur, nous aurons mis le gouvernement en harmonie avec la justice absolue. Une telle foi, quoique peut-être nécessaire pour l'époque, est très erronée. En aucune manière, la coercition ne peut être rendue équitable. La forme de gouvernement la plus libre n'est que celle qui soulève le moins d'objections. La domination du grand nombre par le petit nombre, nous l'appelons tyrannie: la domination du petit nombre par le grand nombre est tyrannie aussi, mais d'une nature moins intense. « Vous ferez comme nous voulons, et non comme vous voulez » est la déclaration faite dans l'un et l'autre cas; et si cent individus la font à quatre-vingt-dix-neuf, au lieu des quatre-vingt-dix-neuf aux cent, c'est seulement d'une fraction moins immoral. De deux semblables partis, celui, quel qu'il soit, qui fait cette déclaration et en impose l'accomplissement, viole nécessairement la loi d'égale liberté, la seule différence étant que par l'un elle est violée dans la personne de quatre-vingt-dix-neuf individus, tandis que par l'autre elle est violée dans la personne de cent. Et le mérite de la forme démocratique du gouvernement consiste uniquement en ceci, — qu'elle offense le plus petit nombre

L'existence même de majorités et de minorités est l'indice d'un état immoral. Nous avons vu que l'homme dont le caractère s'harmonise avec la loi morale peut obtenir le bonheur complet sans amoindrir le bonheur de ses semblables. Mais l'établissement d'arrangements publics par le vote implique une société composée d'hommes autrement constitués, — implique que les désirs de certains ne peuvent être satisfaits sans sacrifier les désirs des autres, — implique que dans la poursuite de son bonheur la majorité inflige une certaine somme de *mal*heur à la minorité, — implique, par conséquent, l'immoralité organique. Ainsi, à un autre point de vue, nous découvrons de nouveau que même dans sa forme la plus équitable il est impossible au gouvernement de se dissocier du mal; et, en outre, que, à moins que le droit d'ignorer l'Etat ne soit reconnu, ses actes doivent être essentiellement criminels.

---

§ V

Qu'un homme est libre de renoncer aux bénéfices de la qualité de citoyen et d'en rejeter les charges peut, en vérité, être inféré des admissions d'autorités existantes et de l'opinion actuelle. Quoique probablement non préparés à une doctrine aussi avancée que celle ici soutenue, les radicaux d'aujourd'hui, encore qu'à leur insu, professent leur foi en une maxime qui donne manifestement un corps à cette doctrine. Ne les entendons-nous pas continuellement citer l'assertion de Blackstone selon laquelle « Nul sujet anglais ne peut être contraint à payer des aides ou des taxes, même pour la défense du royaume ou le soutien du gouvernement, sauf celles qui lui sont imposées par son propre consentement ou par celui de son représentant au Parlement »? Et qu'est-ce que cela signifie? Cela signifie, disent-ils, que tout homme devrait posséder le droit de vote. Sans aucun doute; mais cela signifie bien davantage. S'il y a quelque sens dans les mots, c'est une énonciation précise du droit même pour lequel nous combattons à présent. En affirmant qu'un homme ne peut être taxé à moins qu'il n'ait, directement ou indirectement, donné son consentement, on affirme aussi qu'il peut refuser d'être ainsi taxé; et refuser d'être taxé, c'est rompre toute connexion avec l'Etat. On dira peut-être que ce consentement n'est pas spécifique, mais général, et que le citoyen est sous-entendu avoir acquiescé à toute chose que son représentant puisse faire, quand il vota pour lui. Mais supposez qu'il n'ait pas voté pour lui et qu'au contraire il ait fait tout en son pouvoir pour élire quelqu'un soutenant des idées opposées — quoi alors? La réplique sera probablement qu'en prenant part à une semblable élection, il convenait tacitement de s'en tenir à la décision de la majorité. Et comment s'il n'a pas voté du tout? Mais alors il ne peut à bon droit se plaindre d'aucune taxe, puisqu'il n'éleva aucune protestation contre son imposition! Ainsi, assez curieusement, il paraît qu'il donnait son consentement de quelque manière qu'il agît, — soit qu'il dît: « Oui », qu'il dît: « Non » ou qu'il restât neutre! Une doctrine plutôt embarrassante, celle-là! Voilà un infortuné citoyen à qui il est demandé s'il veut payer pour un certain avantage proposé; et, qu'il emploie le seul moyen d'exprimer son refus ou qu'il ne l'emploie pas, il nous est fait savoir que pratiquement il y consent, si seulement le nombre des autres qui y consentent est plus grand que le nombre de ceux qui s'y refusent. Et ainsi nous sommes amenés à l'étrange principe que le consentement de A à une chose n'est pas déterminé par ce que A dit, mais par ce que B peut arriver à dire!

C'est à ceux qui citent Blackstone de choisir entre cette absurdité et la doctrine exposée plus haut. Ou sa maxime implique le droit d'ignorer l'Etat ou elle est pure sottise.

---

§ VI

Il y a une singulière hétérogénéité dans nos fois politiques. Des systèmes qui furent à la mode et çà et là commencent à laisser passer le jour sont rapiécés de fond en comble avec des idées modernes dissemblables en qualité et en couleur; et les hommes, gravement, déploient ces systèmes, s'en revêtent et se promènent en paradant à la ronde, tout à fait inconscients de leur grotesque. Notre présent état de transition, participant comme il le fait, également du passé et du futur, donne naissance à des théories hybrides où se manifeste l'assemblage le plus disparate du despotisme passé et de la liberté future. Voici des types de l'ancienne organisation curieusement déguisés sous les germes de la nouvelle — des particularités montrant l'adaptation à un état antécédent modifié par des rudiments qui prophétisent quelque chose à venir — faisant tous ensemble un mélange si chaotique de parentés que rien n'indique à quelle classe ces enfants du siècle devraient être rattachés.

Comme les idées doivent nécessairement porter l'empreinte du temps, il est inutile de déplorer le contentement avec lequel ces absurdes croyances sont soutenues. D'ailleurs, il semblerait regrettable que les hommes ne continuassent pas jusqu'à la fin les enchaînements de raisonnements qui ont mené à ces modifications partielles. Dans le cas présent, par exemple, la logique les forcerait à admettre que, sur d'autres points à côté de celui qui vient d'être examiné, ils soutiennent des opinions et emploient des arguments dans lesquels le droit d'ignorer l'Etat est contenu.

Car, quelle est la signification du non-conformisme? Il fut un temps où la foi religieuse d'un homme et son mode de culte étaient déterminables par la loi à l'égal de ses actes séculiers; et, conformément à certaines dispositions existant dans nos lois, il en est encore ainsi. Cependant, grâce à la croissance d'un esprit protestant, nous sommes parvenus à ignorer l'Etat en cette matière, — entièrement en théorie et partiellement en pratique. Mais de quelle manière? En adoptant une attitude qui, pourvu qu'elle soit maintenue en conformité avec son principe, implique un droit d'ignorer l'Etat entièrement. Observez l'attitude des deux partis. « Ceci est votre credo », dit le législateur;

« vous devez croire et professer ouvertement ce qui est fixé ici pour vous ». — « Je ne ferai rien de la sorte », répond le non-conformiste, « j'irai plutôt en prison ». — « Vos actes religieux », poursuit le législateur, « seront tels que nous les avons prescrits. Vous irez aux églises que nous avons fondées et vous adopterez les cérémonies qui y sont célébrées ». — « Rien ne m'induira à faire ainsi », est la réplique; « je nie absolument votre pouvoir de me dicter quoi que ce soit en pareille matière et me propose de résister jusqu'à la dernière extrémité ». — « Enfin », ajoute le législateur, « nous vous requerrons de payer telles sommes d'argent que nous pourrons juger à propos de demander pour le soutien de ces institutions religieuses ». — « Vous ne tirerez pas un liard de moi », se récrie notre obstiné indépendant; « même si je croyais dans les dogmes de votre Eglise (ce que je ne fais pas), je me rebellerais encore contre votre intervention, et si vous prenez ce que je possède, ce sera par la force et malgré ma protestation ».

Or, à quoi se réduit cette manière d'agir quand elle est considérée dans l'abstrait? Elle se réduit à une affirmation par l'individu du droit d'exercer une de ses facultés — le sentiment religieux — en toute liberté et sans aucune limite autre que celle assignée par le droit égal d'autrui. Et que signifie l'expression: « Ignorer l'Etat »? Simplement une affirmation du droit d'exercer de la même manière *toutes* les facultés. L'un est exactement une continuation de l'autre, — repose sur le même fondement que l'autre, — doit tenir ou tomber avec l'autre. De bonne foi, les hommes parlent de la liberté civile et de la liberté religieuse comme de choses différentes; mais la distinction est tout à fait arbitraire. Elles sont parties d'un même tout et philosophiquement ne peuvent être séparées.

« Si, elles le peuvent », interpose un objecteur; « l'affirmation de l'une est impérative comme étant un devoir religieux. La liberté d'honorer Dieu de la manière qui lui semble convenable est une liberté sans laquelle un homme ne peut accomplir ce qu'il croit être des commandements divins, et en conséquence sa conscience exige de lui qu'il la défende. » Fort bien; mais comment si la même chose peut être affirmée de toute autre liberté? Comment si la défense de celle-ci se transforme aussi en une matière de conscience? N'avons-nous pas vu que le bonheur humain est la volonté divine, — que ce bonheur ne peut être obtenu que par l'exercice de nos facultés — et qu'il est impossible de les exercer sans la liberté? Et si cette liberté pour l'exercice des facultés est une condition sans laquelle la volonté divine ne peut être accomplie, sa défense est, suivant la propre démonstration de notre objecteur, un devoir. En d'autres termes, il est manifeste, non seulement que la défense de la liberté d'action *peut* être un point de conscience, mais encore qu'elle *doit* en être un. Et ainsi nous voyons clairement que le droit d'ignorer l'Etat en matière religieuse et le droit d'ignorer l'Etat en matière séculière sont par essence identiques.

L'autre raison communément assignée à la non-conformité admet un traitement similaire. Outre qu'il résiste à la prescription de l'Etat par principe, le dissident y résiste par désapprobation de la doctrine enseignée. Aucune injonction législative ne lui fera adopter ce qu'il considère comme une croyance fausse; et, se souvenant de son devoir envers ses semblables, il refuse d'aider, au moyen de sa bourse, à disséminer cette croyance fausse. L'attitude est parfaitement compréhensible. Mais c'est une attitude qui, ou conduit aussi ses adhérents à la non-conformité civile, ou les laisse dans un dilemme. Car pourquoi refusent-ils de contribuer à propager l'erreur? Parce que l'erreur est contraire au bonheur humain. Et pour quel motif désapprouve-t-on une partie quelconque de la législation civile? Pour la même raison, — parce qu'on la juge contraire au bonheur humain. Comment alors pourrait-il être démontré qu'on doit résister à l'Etat dans un cas et non dans l'autre? Personne affirmera-t-il délibérément que, si un gouvernement nous demande de l'argent pour aider à *enseigner* ce que nous pensons devoir produire le mal, nous devons le lui refuser, mais que, si l'argent est destiné à *faire* ce que nous pensons devoir produire le mal, nous ne devons pas le lui refuser? Telle est, cependant, l'encourageante proposition qu'ont à soutenir ceux qui reconnaissent le droit d'ignorer l'Etat en matière religieuse, mais le nient en matière civile.

---

§ VII

La substance de ce chapitre nous rappelle une fois de plus l'incompatibilité existant entre une loi parfaite et un Etat imparfait. La praticabilité du principe ici posé varie en raison directe avec la moralité sociale. Dans une communauté entièrement vicieuse, son admission engendrerait le désordre. Dans une communauté complètement vertueuse, son admission sera à la fois inoffensive et inévitable. Le progrès vers une condition de santé sociale — c'est-à-dire une condition où il n'y aura plus besoin des mesures curatives de la législation — est le progrès vers une condition où ces mesures curatives seront rejetées et où l'autorité qui les prescrit sera méprisée. Les deux changements seront nécessairement coordonnés. Ce sens moral dont la suprématie rendra la société harmonieuse et le gouvernement inutile est le même sens moral qui alors portera chaque homme à affirmer sa liberté, même au point d'ignorer l'Etat, — est le même sens moral qui, en détournant la majorité de contraindre la minorité, rendra finalement le gouvernement impossible. Et comme les manifestations simplement différentes d'un même sentiment doivent montrer un rapport constant de l'une à l'autre, la tendance à répudier les gouvernements augmentera seulement dans la même mesure où les gouvernements deviendront inutiles.

Que personne ne soit donc alarmé à la divulgation de la doctrine qui précède. De nombreux changements se succéderont encore avant qu'elle puisse commencer à exercer beaucoup d'influence. Un grand laps de temps s'écoulera probablement avant que le droit d'ignorer l'Etat soit généralement admis, même en théorie. Plus de temps encore se passera avant qu'il reçoive la reconnaissance législative. Et même alors, il y aura abondance de freins à son exercice prématuré. Une âpre épreuve instruira suffisamment ceux qui seraient susceptibles d'abandonner trop tôt la protection légale. Cependant, il y a dans la majorité des hommes un tel amour des arrangements établis et une si grande terreur des expériences que, vraisemblablement, ils s'abstiendront d'user de ce droit jusqu'à longtemps après qu'il sera sans danger de le faire.

HERBERT SPENCER.

(*Traduit de l'anglais par* Manuel Devaldès.)

Imprimerie spéciale de *La Brochure Mensuelle*, 39, rue de Bretagne - Paris-3e
Le Gérant : Bidault

www.ingramcontent.com/pod-product-compliance
Ingram Content Group UK Ltd.
Pitfield, Milton Keynes, MK11 3LW, UK
UKHW022151260726
13993UKWH00005B/2306